Índice

Veo a la familia..................... 3

Glosario fotográfico.............. 14

Acerca de los autores
y fotógrafos........................ 15

¿Puedes encontrar estas palabras?

cocinando

familia

jardinería

mascotas

Veo a la familia

familias

Veo a la **familia** en excursiones de un día.

Veo a la familia en las **mascotas**.

mascotas

Veo a la familia cuando hacemos **jardinería** juntos.

Veo a la familia cuando nos ayudamos unos a otros.

Veo a la familia en las tradiciones.

Glosario fotográfico

cocinando: Que se está preparando y calentando comida para alimentarse.

familia: Un grupo de personas relacionadas entre sí.

jardinería: Cultivar o cuidar de las plantas del jardín.

mascotas: Animales domesticados que tenemos para que nos hagan compañía y que son tratados con afecto.

Acerca de los autores y fotógrafos

Alma Patricia Ramírez es una escritora a quien le gusta escribir para niños y adultos, en inglés y en español. Disfruta de pasar tiempo con su familia. Algunas de sus actividades familiares favoritas son las caminatas, hornear, cocinar y celebrar las tradiciones.

Allen R. Wells es un escritor e ingeniero mecánico que vive en Atlanta, GA. Le entusiasma compartir las cosas que le gusta hacer en familia.

Kaitlyn Duling es escritora y editora. Le encanta pasar tiempo con su hermano, hermana y papás. Kaitlyn vive con su esposa en Washington, DC.

Martin Wong es un escritor que vive en Los Ángeles, California. Involucra a su familia en todo lo que hace, desde el trabajo y el juego, hasta las artes y la organización.

© 2025 Published by Rourke Educational Media. No part of this book may be reproduced or utilized in any form or by any means, electronic or mechanical including photocopying, recording, or by any information storage and retrieval system without permission in writing from the publisher.

www.rourkebooks.com

PHOTO CREDITS: cover: (background) ©Getty Images; cover, page 2, 4, 5, 12, 13, 14, 15: Alma Patricia Ramirez; page 2, 8, 9, 14, 15: Allen R. Wells; page 2, 6, 7, 14, 15: Kaitlyn Duling; page 2, 3, 10, 11, 14, 15: Martin Wong

Edición de: Hailey Scragg
Diseño de los interiores y la portada de: Lynne Schwaner
Traducción al español: Pablo de la Vega
Edición en español: Base Tres

Library of Congress PCN Data
Veo a la familia / Alma Patricia Ramirez, Kaitlyn Duling, Allen R. Wells, Martin Wong
(La vida como la veo yo)
ISBN 978-1-73165-871-5 (hard cover)
ISBN 978-1-73165-870-8 (soft cover)
ISBN 978-1-73165-872-2 (E-book)
ISBN 978-1-73165-873-9 (e-Pub)

Library of Congress Control Number: 2024947392

Printed in the United States of America
01-0342511937